LISTE

DES DÉPUTÉS DE LA CONVENTION NATIONALE,

Par ordre de département, qui ont voté dans les trois appels nominaux sur le jugement de Louis Capet, leur opinion sur chaque question et leurs réflexions.

Décret de la Convention Nationale, qui condamne Louis Capet à être puni de mort.

QUESTIONS.

1. Louis est-il coupable de conspiration contre la liberté de la Nation, et d'attentat contre la sûreté générale de l'Etat ? 2. Aura-t-on recours à l'appel au peuple avant l'application de la peine ? 3. Perdra-t-il la vie ?

N. B. L'opinion de chaque votant est marquée par un *o* ou un *n*, signifiant *oui* ou *non*. La lettre qui suit le nom est pour la première question, et ainsi de suite pour les autres.

De l'Ain.

Deydier,	o. n. o.	Gauthier,	o. n. o.
Royer,	o. o. n.	Mollet,	o. o.
Merlinot,	o. n. o.	Jagot, en commission.	

L'Aisne.

Quinette,	o. n. o.	Jean Debry,	o. n. o.
Beffroy,	o. o. o.	Saint-Just,	o. n. o.
Belin,	o. o. n.	Petit,	o. o. o.
Condorcet,	o. n. n.	Fiquet,	o. o.
Lecarlier,	o. n. o.	Loyel,	o. o. o.
Dupin jeune,	o. n. o.	Faucheron,	o. n.

Allier.

Chevalier,	o. o. o.	Martel,	o. n. o.
Petit-Jean,	o. n. o.	Forestier,	o. n. o.
Beauchamp,	en commission.	Giraud,	o. n. o.
Vidalin,	o. n. o.		

Hautes-Alpes.

Barcty,	o. o. n.	Borel,	o. o. n.
Izoard,	o. o.	Serres,	o. o. n.
Cazeneuve,	o. o. n.	oui, mais non pas comme juge.	

Basses-Alpes.

Verdallin,	o. o. n.	Reguis,	o. o. n.
Derbez-Latour,	o. n. o.	Maisse,	o. o. o.
Peyre,	o. o. o.	Savorin,	o. n. o.

Ardèche.

Boissy d'Anglas,	o. o. n.	Saint-Prix,	o. o. o.
Gamon,	o. o. o.	Saint-Martin,	o. o. n.
Garilhe,	o. o. n.	Gleizal,	o. n. o.
Coren-Fustin,	o. o. n.		

Ardennes.

Blondel,	o. o. o.	Ferry,	o. n. o.
Menesson,	o. o. o.	Dubois-Crancé,	o. n. o.
Vermon,	o. o. o.	Robert,	o. n. o.
Baudin,	o. o. n.	Thierrier,	o. o. n.

Arriège.

Vadier,	o. n. o.	Clauzel,	o. n. o.
Campmartin,	o. n. o.	Espert,	o. n. o.
Lakanal,	o. n. o.	Gaston,	o. n. o.

L'Aube.

Courtois,	o. n. o.	Robin,	o. n. o.
Perrin,	o. o. n.	Duval,	o. n. n.
Bonnemain,	o. o. n.	Douge,	o. o. n.
Barnier,	o. n. o.	Rabaut, J.-P.,	o. o. n.

Aude.

Azema,	o. n. o.	Marragon,	o. o. o.
Ramel,	o. o. o.	Morin,	o. o. n.
Bounet,	o. n. o.	Périés, jeune,	o. o. n.
Tournier,	o. o. n.	Girard,	o. o. o.

Aveiron.

Bo,	o. n. o.	S.t-Martin-Valogne,	o. o. n.
Lobinhes,	o. o. n.	Bd. S. Afrique,	o. n.
Cambaulas,	o. o. o.	Second,	o. n. o.
Lacombe,	o. n. o.	Louchet,	o. n. o.
God. Yznar-Valady,	o. o. n.		

Bouches-du-Rhône.

Duprat,	o. o. o.	Rebecquey,	o. o. o.
Barbaroux,	o. o. o.	Granet,	o. n. o.
Durand,	o. o. n.	Gasparin,	o. n. o.
Bayle,	o. n. o.	Baille,	o. n. o.
Rovère,	o. n. o.	Deperret,	o. o.
Pelissier,	o. n. o.	Laurent,	o. n. o.

Calvados.

Faucher, o. J'en suis convaincu comme citoyen, je le déclare comme législateur, mais non comme juge. o.

Lomont, o. Comme je n'ai point d'opinion à émettre. o.

Dubois Dubais, o. o. o.

Henri Lariviere. Il répugne à ma conscience d'être tout à la fois législateur et juge dans une affaire dont je demande au surplus le renvoi au peuple. o. n.

Bonnet,	o. n. o.		
Doulcet,	o. n. n.	Vardon,	o. n. n.
Jouenne,	o. o. o.	Taveau,	o. o. o.
Cussy,	o. o. n.	Dumont,	o. o. n.
Philipe Deleville,	o. o. n.	Legot,	o. o. n.

Cantal.

Thibault,	o. o. n.	Milhaud,	o. o. o.
Mezinsac,	o. o. n.	Lacoste,	o. n. o.
Carrié,	o. n. o.	Joseph Mailhe,	absent.
Chabanon,	o. o. n.	Peuvergne,	o. o. n.

Charente.

Bellegarde,	o. n. o.	Gimberteau,	o. n. o.
Chazaud,	o. n. o.	Chedaneau,	o. n. o.
Ribereau,	o. o. o.	Devars,	o. n. n.
Brun,	o. o. o.	Crevilier,	o. n. o.
Maulde,	o. o. n.		

Charente-Inférieure.

Bernard,	o. n. o.	prononcerai sur le sort de
Echasseriaux,	o. n. o.	Louis, non comme juge,
Ruamps,	o. n. o.	car je n'en ai pas la-qualité,
Lozeau,	o. n. o.	mais comme homme d'é-
Vinet,	o. n. o.	tat. n. o. n.
Breard,	o. n. o.	Dechezeau, o. n. n.
Niou,	o. n. o.	Giraud, o. n. n.
Garnier, o. Je déclare que je		Dautriche, o. o. n.

Cher.

Allasseur,	o. o. n.	Foucher,	o. n. o.
Baucheton,	o. o. n.	Fauvre,	o. n. o.
Dugenne,	o. o. n.	Pelletier,	o. o. o.

Corrèze.

Brival,	o. n. o.	Lidon,	o. o. o.
Borie,	o. n. o.	Plenière,	o. n. o.
Lafond, je déclare que je ne		Chambon,	o. o. o.
puis en connaître.		Lanet,	o. n. o.

Côte-d'Or.

Bazile,	o. n. o.	Guyton,	o. n. o.
Prieur,	o. n. o.	Oudot,	o. n. o.
Guyot,	o. n. o.	Lamberd,	o. o. o.
Maray,	o. o. n.	Trullard,	o. n. o.
Rameau,	o. n. n.	Berlier,	o. n. o.

Côtes du Nord.

Couppé,	o. n. n.	Champeaux,	o. o. n.
Gautier,	o. n. n.	Guyomard,	o. o. n.

(5)

Fleury,   o. o. n.   Girault,   o. o.
Loncle,   o. n. o.   Goudelin,   o. o. o.

Creuze.

Huguet,   o. o. o.   Debourgues,   o. o.
Coutisson,   o. o. n.   Guyés,   o. o. o.
Jaurand,   o. o. n.   Texier,   o. o. n.
Barailon, je ne suis pas ici pour juger un criminel.

Dordogne.

Lamarque,   o. n. o.   Roux,   o. n. o.
Lacoste,   o. n. o.   Peyssard,   o. n. o.
Taillefer,   o. n. o.   Allafort,   o. o. o.
Cambert,   o. n. o.   Meynard, o. o. n. Je vote pour
Bouquier, aîné,   o. n. o.   son arrestation jusqu'à la paix.
Pinet l'aîné,   o. n. o.

Doubs.

Quirot,   o. n. n.   Michaud,   o. n. o.
Séguin,   o. o. n.   Monnaut,   o. n. o.
Vernetey,   o. n. o.   Besson,   o. n. o.

Drôme.

Julien,   o. n. o.   Santeyra,   o. n. o.
Gerente,   o. o. n.   Marbes,   o. n. q.
Boisset,   o. n. o.   Colaud,   o. n. n.
Jacomin,   o. n. n.   Fayolle,   o. n. n.
Martinel,   o. o. n.

Eure.

Léonard,   o. o. o.   Duroy,   o. n. o.
Lindet,   o. n. o.   Richoux,   o. o. n.
Lemaréchal,   o. o. n.   Topsent, malade.
Bouillerot,   o. n. o.   Vallée,   o. o. n.
Savary,   o. o. n.   Dubusc,   o. o. n.
Robert,   o. n. o.

Eure et Loire.

Delacroix, en commission.   Lesage,   o. o. o.
Brissot,   o. o. o.   Bourgeois,   o. o. o.

Giroust. Je me réserve de pro-noncer comme juge sur les mesures de sûreté à pren-dre. n.	Fremenger,	o. n. o.
	Petion,	o. o. o.
	Loiseau,	o. n. o.
	Châles,	o. n. o.

Finistère.

Bohan,	o. o. o.	Blad,	o. o. o.
Guezno,	o. n. o.	Marec,	o. o. n.
Quinette,	o. o. n.	Kervelegan,	o. o. n.
Guermeur,	o. n. o.	Gommaire,	o. o. n.

Gard.

Leyris,	o. n. o.	Tavernel,	o. o. o.
Henri V.	o. n. o.	Aubry,	o. o. o.
Jac,	o. o. o.	Balla,	o. o. n.
Rabaut,	o. o. o.	Chazel,	o. o. o.

Haute-Garonne.

Mailhe,	o. n. o.	Ayral,	o. o. o.
Projean,	o. n. o.	Rouzet. Je déclare que mon opinion est indivisible, qui en conséquence demeurant l'abolition de la royauté, je suis d'avis de la réclusion de Louis et des siens. n.	
Julien,	o. n. o.		
Estadins,	o. o. n.		
Desacy,	o. n. o.		
Driche,	o. o. n.		
Delmas,	o. n. o.		
Perés,	o. o. n.	Mazade,	o. o. n.
Calés,	o. n. o.		

Gers.

Laplaine,	o. n. o.	Maribon,	o. n. o.
Descamps,	o. n. o.	Capin,	o. o. n.
Barbeau,	o. n. o.	Laguire,	o. n. o.
Ichon,	o. n. o.	Bousquet,	o. n. o.
Moyset,	o. o. n.		

Gironde.

Vergniaud,	o. o. o.	Guadet,	o. o. o.
Gensonné,	o. o. o.	Grangeneuve,	o. o. n.
Jay,	o. n. o.	Ducos,	o. n. o.

Garraud,	o. n. o.	Boyer,	o. n. o.
Duplantier,	o. n. o.	Delayre,	o. n. o.
Lacaze ,	o. n. n.	Bergouin ,	o. o. n.

l'Hérault.

Camboni ,	o. n. o.	Bonnier,	o. n. o.
Curée ,	o. n. n.	Viennet,	o. o. n.
Rouyer,	o. o. o.	Cambacérès ,	o. n. o.
Brunel ,	o. o. n.	Fabre ,	o. o. o.
Castilhon,	o. o. n.		

Ille et Villaine.

Lanjuinais. Oui , sans être juge ; oui, comme législateur ; si le décret est pour la mort , n.		Oselin ,	o. o. o.
		Maurel ,	o. n. n.
		Duval,	o. n. o.
		Chaumont ,	o. n. o.
Defermon ,	o. o. n.	Dubignon ,	o. n. n.
Sevestre, absent.		Beaugeard ,	o. n. n.
Lebreton,	o. n. n.		

Indre.

Porcher ,	o. o. n.	Thabaud,	o. n. o.
Pepin , absent,	n.	Boudin ,	o. o. n.
Lejeune ,	o. n. o.	Derazey ,	o. o. n.

Indre et Loire.

Nioche ,	o. n. o.	J. Dupont ,	o. n. o.
Poitier ,	o. n. o.	Gardieu ,	o. o. n.
Ruelle ,	o. n. o.	Champigny ,	o. u. o.
Ysabeau ,	o. n. o.	Bodin ,	o. n. o.

Isère.

Baudrant ,	o. n. o.	Génevois ,	o. n. o.
Servonat ;	o. o. n.	Amar ,	o. u. o.
Primelle de Lierre ,	o. n. n.	Boissieu ,	o. n. o.
Réal ,	o. o. n.	Charrel ,	o. n. o.
Génissieux ,	n. n.		

Jura.

Vernier,	o. o. n.	Laurençot,		o. o. n.
Grenot,	o. o. o.	Prost,		o. n. o.
Amyon,	o. o. o.	Babey,		o. o. o.
Ferroux,	o. o. o.	Bonguyode,		o. o. n.

Landes.

Dartigoeyte,	o. n. o.	Lefranc,		o. n. n.
Cairol,	o. n. n.	Ducos, aîné,		o. n. o.
Disès,	o. n. o.	Saurine,		o. o. o.

Loire et Cher.

Grégoire, en commission.		Chabot,		o. n. o.
Brison,	o. n. o.	Eresine,		o. n. o.
Leclerc,	o. n. n.	Venaille,		o. n. o.
Fonsedoire,	o. n. o.			

Haute-Loire.

Renaud,	o. n. o.	Faure,		o. n. o.
Delcher,	o. n. o.	Flageas,		o. n. o.
Bonnet fils,	o. o. o.	Camus, en commission.		
Barthelemy,	o. o. o.			

Loire-Inférieure.

Meaulle,	o. n. o.	Lefebvre,		o. o. n.
Chaillon,	o. o. n.	Melinet,		o. o. n.
Villiers,	o. n. o.	Fouché,		o. n. o.
Jarry,	o. o. n.	Coustard,		o. o. n.

Loiret.

Gentil,	o. o. n.	Garan de Coulon,		o. o. n.
Lepage,	o. o. n.	Fellé,		o. n. n.
Lachaux,	o. n. o.	Gucirit,		o. n. n.
Delaguelle,	o. n. o.	Louvet,		o. o. o.
Léonard Bourdon,	o. n. o.			

Lot.

Laboissière,	o. n. o.	Cledel,		o. n. o.
Salléles,	o. o. n.	Jeanbon S.t-André,		o. n. o.
Monmayan,	o. n. o.	Cavaignac,		o. n. o.
Bouyues,	o. n. o.	Cayla,		o. n. n.
Delbrel,	o. n. n.	Albouys.		o. o. n.

(9)

Lot et Garonne.

Vidalot,	o. n. o.	Laurent,	o. o. n.
Paganel,	o. n. o.	Claverie,	o. o. n.
Laroche,	o. o. o.	Boussion,	o. o. o.
Guyet-Laprade,	o. o. n.	Fournel,	o. n. o.
Noguer,	o. o. n.		

Lozère.

Barrot,	o. o. n.	Châteauneuf-Randon,	o. n. o.
Servière,	o. n. o.	Monestier,	o. n. o.
Pelet, en commission.			

Maine et Loire.

Choudieu,	o. n. o.	Delaunay,	o. n. o.
Dehoullières,	o. o. n.	Reveillière,	o. n. o.
Pilastre,	o. n. n.	Lecler,	o. n. o.
Daudenac, aîné,	o. n. n.	Delaunay,	o. n. n.
Perard,	o. n. n.	Daudenac,	o. n. n.
Lemaignan,	o. n. n.		

Manche.

Gervais-Sauvé,	o. o. n.	Poisson,	o. o. o.
Lemoine,	o. n. o.	Letourneur,	o. o. n.
Ribet,	o. o. o.	Pinel,	o. o. n.
Lecarpentier,	o. n. o.	Havin,	o. o. o.
Bonnesœur,	o. o. n.	Engerran,	o. o. n.
Bretel,	o. n. n.	Laurence de Ville-	
Michel Hubert,	o. o. o.	dieu,	o. o. o.

Marne.

Prieur,	o. n. o.	Thuriot,	o. n. o.
Charlier,	o. n. o.	Delacroix-Decoustant,	o. n. o.
Deville,	o. n.	Poulain,	o. o. n.
Drouet, malade.		Armonville,	o. n. o.
Blanc,	o. n. n.	Barellier,	o. n. o.

Haute-Marne.

Guyardin,	o. n. o.	Chaudron,	o. n.
Roux,	o. n. o.	Waudelaine - Court. Je suis	

ici comme législateur , je ne
dois point faire les fonctions
de juge , et la douceur de
mes mœurs ne me permet
point de prononcer sur la vie
d'un homme .

Mayenne.

Bissy ,	o. n. o.	Enue ,	o. n. o.
Durocher ,	o. n. o.	Enjubault ,	o. n. o.
Serveau ,	o. n. o.	Plaichard ,	o. absent.
Vilars ,	o. n. n.	Lejeune ,	o. n. n.

Meurthe.

Salle ,	o. n. o.	Zanziacomi fils ,	o. o. n.
Levasseur ,	o. n. o.	Mallarmé ,	o. n. o.
Bonneval ,	o. n. o.	Mollevault ,	o. o. n.
ni oui , ni non.		Michel ,	o. o. n.
Lalande ,	o. o. o.		

Meuse.

Moreau ,	o. o. n.	Harmand ,	o. n. n.
Tocquet ,	o. o. n.	Marquis ,	o. o. n.
Roussel ,	o. o. o.	Pont ,	o. n. o.
Bazoche ,	o. o. n.	Humbert ,	o. o. n.

Morbihan.

Lemailland ,	o. n. n.	Lehardy ,	o. o. o.
Corbel ,	o. n. n.	Lequinio ,	o. n. o.
Audrin ,	o. o. o.	Gilet ,	o. n. n.
Michel ,	o. n. n.	Rouault ,	o. n. n.

Mozelle.

Merlin , en commission.		Bar ,	o. n. o.
Anthoine ,	o. n. o.	Couturier , en commission.	
Hentz ,	o. n. o.	Blaux ,	o. n. n.
Thiriou ,	o. n. o.	Becker ,	o. n. n.

Nièvre.

Sauterault ,	o. n. o.	Dameron ,	o. n. o.
Lefiot ,	o. n. o.	Gillerault ,	o. o. o.
Legendre ,	o. n. o.	Goyre ,	o. n. o.
Jourdan ,	o. o. n.		

Nord.

Merle,	o.	n.	o.	Prieze,	o. n. o.	
Gergouin, en commission.				Duhem,	o. n. o.	
Cochet,	o.	n.	o.	Fockday,	o. o. n.	
Jh. Lesage,	o.	n.	o.	Carpentier,	o. n. o.	
Sallengros,	o.	n.	o.	Poulletier,	o. n. o.	
Aoust,	o.	n.	o.	Boyaval,	o. n. o.	

Oise.

Coupé,	o. n. o.	Calon,	o. n. o.
Massieux,	o. n. o.	Ch. Vilette,	o. n. n.
Mathieu,	o. n. o.	Anacharsis,	o. n. o.
L. Portiez,	o. n. o.	Godeffroi, en commission.	
Bezard,	o. n. o.	Isoré,	o. n. o.
Delamare,	o. o. n.	Bourdon,	o. n. o.

Orne.

Dutriche,	o. o. o.	Bertrand,	o. o. o.
Plat,	o. o. o.	Duboe,	o. o. n.
Dugue,	o. o. n.	Thomas,	o. o. o.
Fourney,	o. o. n.	Jullien,	o. n. o.
Colombel,	o. n. o.		

Paris.

Robespierre,	o. n. o.	L. J. Egalité,	o. n. o.
Collot-d'Erbois, en commis...		Danton, en commission.	
Manuel,	o. o. n.	Billaud Var.,	o. n. o.
Camille,	o. n. o.	Marat,	o. n. o.
Lavicomterie,	o. n. o.	Legendre,	o. n. o.
Raffron,	o. n. o.	Panis,	o. n. o.
Sergent,	o. n. o.	Robert,	o. n. o.
Dusaulx,	o. o. n.	Fréron,	o. n. o.
Beauvais,	o. n. o.	Fabre,	o. n. o.
Osselin,	o. n. o.	Robespierre,	o. n. o.
David,	o. n. o.	Boucher,	o. n. o.
Laignelot,	o. n. o.	Thomas,	o. n. n.

Pas-de-Calais.

Duquesnoy,	n. o. o.	Th. Payne,	o. n. n.

Guffroy,	o. n. o.	Personne,	o. n. n.
Bollet,	o. n. o.	Eulart,	o. n. n.
Daunor,	o. n. n.	Magniez,	o. o. n.
Lebas,	n. o. o.	Carnot,	o. n. o.

Puy-de-Dôme.

Couton,	o. n. o.	Cibergues,	o. n. o.
Margnet,	o. n. o.	Gilbert,	o. n. o.
Soubrany,	o. n. o.	Bancal,	o. n. n.
Girod P.,	o. o. n.	Rudel,	o. n. o.
Blanval,	o. n. o.	Monestier,	o. n. o.
Dulaure,	o. n. o.	Laloüe,	o. n. o.

Hautes-Pyrénées.

Barère,	o. n. o.	Dupont,	o. o. n.
Gertoux,	o. n. o.	Picqué,	o. n. n.
Ferand,	o. n. o.	Lacrampe,	o. o. o.

Basses-Pyrénées.

Sanadon,	o. o. n.	rien à dire,	n.
Pemartin,	o. n. n.	Meillant,	o. o. n.
Comte : je dis comme législa-		Cazeneuve,	o. o. n.
teur, comme juge, je n'ai		Neveu,	o. o. n.

Pyrénées-Orientales.

Guiter,	o. o. n.	Fabre, absent par maladie.	
Biroteau,	o. o. n.	Montégut,	o. o. o.
Cassanycs,	o. n. o.		

Haut-Rhin.

Reubell, en commission.		Ritter,	o. n. o.
Laporte,	o. n. o.	Johanot,	o. n. o.
Pfliager,	o. n. o.	Albert,	o. o. n.
Dubois,	o. n. o.		

Bas-Rhin.

Ruhl, en commission.		Laurent,	o. n. o.
Bentabole,	o. n. o.	Detzel, en commission.	
Louis,	o. n. o.	Ehrmann, malade.	
Arbogas,	o. n. n.	Christiani,	o. n. n.
Simond Philiber, en commiss.			

Rhône-et-Loire.

Chasset,	o.	n.	n.	Dupuis,	o.	o.	o.
Viret,	o.	o.	n.	Dubuchet,	o.	n.	n.
Marcelin Beraud,	o.	o.	n.	Pressavin,	o.	n.	o.
Patrin,	o.	o.	n.	Moulin,	o.	n.	o.
Michet,	o.	o.	n.	Forest,	o.	o.	n.
Noël Pointe,	o.	n.	o.	Cusset,	o.	n.	o.
Javoque,	o.	n.	o.	Lanthenas.	o.	n.	o.
Fournier,	o.	o.	n.				

Haute-Saône.

Gourdan,	o.	n.	o.	Vigneron,	o.	n.	n.
Sibiot,	n.	o.	o.	Chanvier,	o.	n.	n.
Balivet,	o.	n.	n.	Dornier,	o.	n.	o.
Bolot,	o.	n.	o.				

Saône-et-Loire.

Gelin,	o.	n.	o.	Massuyer,	o.	n.	n.
Carra,	o.	n.	o.	Guillermin,	o.	n.	o.
Reverchon,	o.	n.	o.	Guillemardet,	o.	n.	o.
Baudot,	o.	n.	o.	Bertucat,	o.	n.	n.
Mailly,	o.	n.	o.	Moreau,	o.	n.	o.
Mongilbert,	n.	o.	n.				

Sarthe.

Richard,	o.	n.	o.	Primaudière,	o.	n.	o.
Salmon,	o.	n.		Philippeaux,	o.	n.	o.
Broutonne,	o.	n.	o.	Levasseur,	o.	n.	o.
Chevalier,	o.	o.	n.	Frogers,	o.	n.	o.
Sieyes,	o.	n.	o.	Letourneur,	n.	n.	o.

Seine-et-Oise.

Lecointre,	o.	n.	o.	Haussmann, en commission.			
Alquier,	o.	n.	o.	Bassal,	o.	n.	o.
Audouin,	o.	n.	o.	Gorsas,	o.	o.	n.
Roi,	o.	n.	o.	Treilhard,	o.	n.	o.
Héraul, en commission.				Tallien,	o.	n.	o.
Kersaint,	o.	o.	n.	Mercier,	o.	n.	n.
Dupui,	o.	n.	n.	Chénier,	o.	n.	o.

Seine-Inférieure.

Albitte,	o.	n.	o.	Pochole,	o. n. o.	
Yger,	o.	o.	n.	Hecquet,	o. o. n.	
Duval,	o.	o.	n.	Vincent,	o. o. n.	
Favre,	o.	o.	n.	Lefebvre,	o. o. n.	
Mariette,	o.	o.	n.	Doublet,	o. o. n.	
Ruhault,	o.	n.	n.	Bourgeois,	o. o. n.	
Delahaye,	o.	o.	n.			

Seine-et-Marne.

Mauduyt,	o. n. o.	Bailly de Juilly,	o. o. n.
Tellier,	o. n. o.	Cordier,	o. n. o.
Raquy,	o. o. n.	Geoffroy,	o. o. n.
Bernard,	o. o. o.	Himbert,	o. o. n.
Depoix,	o. n. n.	Defrance,	o. n. n.
Projet,	o. o. n.		

Sèvre.

Puyraveau,	o. o. o.	Jar-Panvilliers,	o. o. n.
Anguis,	o. n. n.	Duchaste, malade.	
Dubreuil Cambardel,	o. n. o.	Lofficial,	o. o. n.
Cochon,	o. n. o.		

Somme.

Saladin,	o. n. o.	Rivery,	o. o. n.
Gantois,	o. o. o.	Deverite,	o. o. n.
Asselen,	o. n. n.	Delecloy,	o. n. o.
Louvet,	o. o. n.	Dufestel,	o. o. o.
Allexis-Sillery,	o. o. n.	François,	o. o. o.
Saint-Romain,	o. o. n.		

Tarn.

Lasource, en commission.		Lacombe,	o. n. o.
Seloniac,	o. n. n.	Campmas,	o. n. o.
Marjenouls,	o. o. n.	Bambermenil, absent.	
Gouzy,	o. o. o.	Rocgegude,	o. o. n.

Var.

Escudier,	o. n. o.	Charbonnier,	o. n. o.
Ricord,	o. n. o.	Isnard,	o. n. o.
Despinay,	o. n. o.	Roubaud,	o. n. o.

Vendée.

P. C. Goupillau,	o. n. o.	Girard,	o. n. n.
Maignen,	o. n. o.	Garos,	o. n. o.
Gaudin,	o. o. n.		

Vienne.

Piory,	o. n. o.	Ingrand,	o. n. o.
Marineau,	o. n. o.	Bion,	o. o. n.
Thibodeau,	o. n. o.	Creuzé-Paschal,	o. o. n.

Haute-Vienne.

Lacroix,	o. n. n.	Bordas,	o. n. n.
Guay-Vernon,	o. n. o.	Faye,	o. o. n.
Rivaud,	o. o. n.	Soulignac,	o. o. n.

Voges.

Poulain,	o. o. n.	Perrin,	o. n. o.
Jullien,	o. o. n.	Bresson,	o. o. n.
Couhey,	o. o. n.	Ballaud,	o.

L'Yonne.

Maure aîné,	o. n. o.	Lepelletier,	o. n. o.
Turreau,	o. n. o.	J. Boileau,	o. n. o.
Précy,	o. o. o.	Bourbotte,	o. n. o.
Hérard,	o. o. o.	Finot,	o. n. o.
Chastelain,	o. o. n.		

Voici le résultat de l'appel nominal. Le nombre des votans était de 721, la majorité absolue était par conséquent de 361.

Il y a eu une voix pour la peine de mort, avec la réserve de commutation et de fixation du délai.

23 Pour la mort, avec demande d'une discussion sur l'époque de l'exécution.

8 Pour la mort, avec le sursis jusqu'à l'expulsion de tous les Bourbons.

2. Pour la mort, avec sursis jusqu'à la paix, avec la faculté de renvoyer l'exécution dans les 24 heures de l'invasion du territoire français, s'il y a lieu.

2 Pour les fers.

319 Pour la détention, et le bannissement ensuite.

366 Pour la mort.

Le président a déclaré en conséquence que Louis Capet était condamné à mort.

Ses défenseurs ont demandé aussitôt à être introduits; ils l'ont été, et Desèze, après avoir parlé en sou nom et en celui de ses collègues, a remis sur le bureau une protestation de Louis XVI, contre le jugement de la Convention, par laquelle il déclare qu'il en appelle au peuple Français.

Permis de vendre.

RÉIMPRIMÉ SUR L'IMPRIMÉ DE PARIS.

À BORDEAUX, de l'Imprimerie de la veuve J.-B. CAVAZZA, rue des Lois, n.º 13, près la Porte-Basse.